AF586873

CONTRAT D'ESCHANGE

FAIT ENTRE LE ROI FRANÇOIS Ier ET MADAME DE LA ROCHE-SUR-YON

DES

Terres de LEUZE et CONDÉ, en Haynault,

CONTRE

LES COMTÉ DE MORTAING ET VICOMTÉ D'AULGE.

PROCÈS-VERBAL DE PRISE DE POSSESSION D'AULGE ET MORTAING.

ARCHIVES NATIONALES.

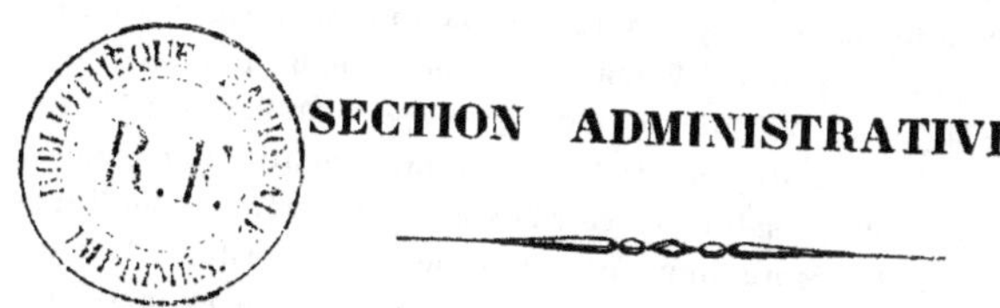

SECTION ADMINISTRATIVE.

Du vingt ungnieme jour de may mil cinq cens trente à Rouen en la Court de Parlement.

Après lecture faicte des lettres patentes en forme de Charte dont la teneur en suyt; François par la grâce de Dieu Roy de France, à tous présents et advenir, comme par le traicté de Cambray, faict entre nous et notre très cher et très amé frère et cousin l'esleu empereur ayt esté entre autres choses promys luy bailler des terres que noz subjectz ont es pays de Flandres Arthois et aultres pays d'embas dudict empereur évalluez au denier vingt, rachaptable à perpétuité, et ce en déduction de partye de cinq cent cinq dix mil escus que nous restons débiteur sur les deux millions d'escus que sommes tenus de bailler à notre dict frère et cousin l'empereur pour notre rançon et délivrance de noz très chers et aimez enffans, entre lesquelles terres notre dict frère l'empereur ou ses depputez ont choisy et accepté les terres et seigneuries de Leuze et Condé appartenant à notre très chère et aymée cousine Loyse de Bourbon dame de la Roche-sur-Yon, comme aiant la garde de noz très chers et amez cousins Loys et Charles de Bourbon, ses enffants assis au pays de Haynault, saouf, et excepté la Sieurye de Bellaine appartenances et dépendances, la moictié des boys de Barry qui sont en procès contre le sieur de Beauchamps, les rentes appellés les gistes, deubz par les habitans d'Aussevenltz, Chielles et Vaudelaucourt, qui sont aussi en procès contre les dicts habitants, et trois cent livres de rente quelle a sur les habitans de la ville et cité de Tournay, que les dicts commis dudict sieur éleu empereur n'ont voullu choisir ne accepter, ains les laissent à notre dicte cousine et à ses dicts enffans pour rescompence *et contreschange* desquelles noz commissaires qui sont par nous ordonnez à Paris pour le faict des récompences *de ceux qui nous ont baillé les dictes terres pour bailler audict empereur* ont en vertu du pouvoir qu'ils ont de nous, baillé et délaissé à notre dicte cousine la princesse de la Roche-sur-Yon au dict nom, pour elle, ses hoirs ayans cause, soubz la faculté de rachapt contenu au contract et instrument sur le ce passé cy apprès inséré, la comté de Mortaing et la vicomté terre et sieurye d'Aulge au pays de Normandye, ainsy quelle se consiste et comporte avec leurs appartenances et deppendences, et ainsy qu'il est à plein contenu et déclaré au dict contract et instrument dont la teneur enssuyt : A tous ceux qui ces présentes lettres verront, Jehan de la Barre chevallier comte d'Estampes, vicomte de Bridiers, baron de Veretz, sieur du dict lieu de la Barre, de Ville-Martin, Du Plessis, du Parc-les-Tours, conseiller chambellant ordinaire du Roy notre Sire, premier gentilhomme de sa chambre, et garde la prévosté de Paris, salut. Scavoir faisons que pardevant Philippes Palanquin et Nicollas Contesse notaires du Roy notre dict sieur, au Chastelet de Paris du nombre ancien des soixante, furent présentés nobles hommes et sages messieurs maîtres Pierre Liset, premier président en la Court de Parlement à Paris, Jehan Brissonet, second président en la chambre des comptes, et Mathieu de Longue-Joue, maître des requêtes ordinaires de l'hostel du Roy, conseiller du dict Seigneur; *au non et comme procureurs* et ayans pouvoir et mandement espécial *dudict sieur Roy de faire et accorder les chóses cy-apprès contenues ainsy qu'il est plus à plain déclaré par les lettres de procuration*, desquelles il est duement apparu aux dites notaires suscriptz *qui seront transcriptes vers la fin de ses présentes,* d'une part; et noble homme François de Mentigny sieur de la Bonasche au nom et comme procureur de très haulte et puissante Dame Loyse de Bourbon, princesse de la Roche-sur-Yon, comme ayant le bail de Messeigneurs Loys et Charles de Bourbon ses enffans d'aultre part; lesquelles partyes de leur bon gré et bonnes vollontez, sans aulcune contrainete recongneurent et confesserent en la présence et pardevant les dicts notaires, comme en droict jugement, pardevant nous avoir passé et accordé, passent et accordent le traicté cy-apprès déclaré, assavoir : comme par le traicté de paix naguères faict en la ville de Cambray, entre le dict sieur Roy et l'esleu empereur, entre aultres choses aict esté convenu et accordé, que pour la somme de cinq cents dix mil escus d'or soleil, faisantz partye des deux millions d'escus que le dict sieur Roy à promys par le dict traicté de paix au dict sieur esleu empereur pour la rançon du dict sieur Roy, et la délivrance de Messieurs les Daulphin de Viennoys et duc d'Orléans ses enffans ostages du *dict sieur Roy, bailleroys audict sieur esleu empereur, la rente et revenu de vingt cinq mil cinq cens escus d'or, soleil,* qui est à la raison du denier vingt.

Et pour la dicte rente le dict sieur Roy feroist avoir au dit sieur esleu empereur les terres et seigneuryes que madame la duchesse douairière de Vendomoys et aultres subjects du dict sieur Roy, ont es pays d'embas *que le dict sieur esleu empereur ou ses commis à ce vouldraient choisir et nommer* au prix du denier vingt, jusques à l'entier parfournissement et concurrence de la dicte rente de vingt-cinq mil cinq cens escus d'or telz que dessus, ou l'advenant de telle aultre somme à quoy sera trouvé monter le reste des dicts deux millions d'escus desduictz les dictz douze cent mil escus que le dict sieur Roy doibt paier comptant et les debtes du roy d'Engleterre, *pour par le dict sieur esleu empereur* ses hoirs, successeurs et ayans cause, *jouir et user des dictes terres* et seigneuries par ses mains *à condition de rachapt* tant et jusques à ce que le dit rachapt sera faict et pour l'entretenement et accomplissement de ce que dessus *le dict sieur Roy a faict requérir à ma diste Dame* la princesse à la qualité dessus dicte, *de bailler cedder et transporter les terres et sieuries que son dict fils a au pays d'em bas au dict sieur esleu empereur pour et à la descharge d'icelluy sieur Roy, et en fournissant au proffict d'icelluy sieur Roy*, à ce qu'il a promis par le dict traicté de paix dont dessus a esté faict mention, en luy baillant bonne et convenable récompense pour ses dictes terres, des terres du domaine du dict sieur Roy et aultres qui ont été offertes par le dict sieur Roy et par elles acceptées, lesquelles seront cy après déclarées soubz les conditions et seuretez touteffoys convenues entre le dict sieur Roy et elle, et *lesquelles terres respectivement accordées estre baillez* tant par le dict sieur Roy que par la dicte dame et seigneur son filz depuis par ordonnance du dict sieur Roy ont esté évallués sur les comptes et estatz par les commys et députez du dict sieur Roy, présents les procureurs à ce députez par la dicte dame, et finablement *après avoir entendu l'évalluation qui a été faicte des terres que la dicte dame a* en la compté de Hainault et aultres pays d'embas du dict sieur esleu empereur, *et pareillement des dictes terres que le dict sieur Roy a accordé à la dicte Dame, considérant la dicte Dame les remontrances à elles faictes par le dict sieur Roy, qui lui a escript et mandé que le temps dedans lequel il est tenu faire avoir les dictes terres audict sieur éleu empereur, ne peut souffrir plus ample évalluation, à ceste cause que la dicte Dame eust à passer le dict contract sur la dicte évalluation sommaire faicte sur les dicts comptes et estats* en contemplation de bien de paix accomplissement d'icelle et du bien publicq qui en adviendra, mesmement de la délivrance de messieurs les enffans du Roy, que la dicte Dame désire de tout son cœur, et aultrement pour la bonne et grande affection que la dicte Dame a de faire service au dict sieur Roy, le dict de Montigny sieur de la Bonasche, au nom et comme procureur sus-dict, de sa pure, franche et libéralle vollonté, a conseuty et accordé, consent et accorde par ces présentes, cedder et transporter au dict sieur éleu empereur les terres et sieuries de Leuze et Condé que la dicte Dame pour et en nom de mon dict sieur son filz, tient et possède au dict pays d'embas du dict sieur éleu empereur, saouf et excepté la sieurie de Bellnine appartenances et deppendances la moictié des Boys de Barry qui sont en procès contre le sieur de Beauchamps les rentes appellés les gistes deubz par les habitans d'Aussereultz, Chielles et Vaudelancourt, dont il est en procès contre les dicts habitans, et trois cent livres de rente qu'elle a sur les habitants de la ville et cité de Tournay, que les dicts commis du dict sieur éleu empereur n'ont voullu choisir ny accepter, ains les laissent à ma dicte Dame et mon dict sieur son filz, lesquelles terres dessus dictes ont été évalluées et estimées par les commis des dicts seigneurs Roy et éleu empereur à la somme de deux mil sept cent trois escus d'or, un tiers d'escu de rente et revenu annuel, avec faculté de rachapt pour elle ou dict non et pour les siens, *et pour ce faire la dicte Dame ou dict nom constituera ses messagers et procureurs spéciaulx leur donnant plein pouvoir et mandement espécial et irrévocable, de bailler, cedder et transporter ses dictes terres au dict sieur éleu empereur et ses commys et depputez, selon et au désir du traicté de paix*, en accomplissant icelluy *pour et au proffict du dict sieur Roy, et à sa descharge et par sa requeste et mandement*, pour en joyr par le dict sieur éleu empereur, ses hoirs, successeurs et ayans cause ainsy qu'il est dict au traicté, *avec faculté de rachapt à la dicte Dame ou dict nom et aux siens, et aultrement*, ainsy qu'il sera advisé par les dicts procureurs et chacun d'eulx, et *de obliger à l'observation et entretenement des dictes* cessions et transports, la dicte Dame ou dit non, mon dict sieur son filz et les siens, avec tous et chacuns ses biens, terres et seigneuries, *de soy deshériter* pour et en nom de la dicte Dame ou dict non, au proffict du dict sieur éleu empereur et de ses dicts commys et depputez des dictes terres et seigneuries qui seront ainsy ceddez par les procureurs de la dicte Dame ou dict non au dict sieur éleu empereur, *entre les mains des baillifs hommes et pers de fiefs dont les dictes terres et seigneuries sont tenues et mouvans et partout ailleurs où il sera besoing et requis* et consentir que le dict sieur éleu empereur ou ses commys et depputez en soyent adhéritez, *et faire toutes œuvres de loy requises* par les coustumes des dicts pays, promettans sur la dicte ypothèque et obligation de tous et chacuns ses dicts biens, faire les dicts deshéritements, et *consentir aux dicts adhéritements personnellement pardevant les baillifs, hommes et pers de fiefz qui seront envoyez devers elle à cette fin*, sy faict ne la, quant aux terres sictuées et assises es lieux esquels par la coustume d'iceux est requis les dicts deshéritements estre faictz personnellement, et avoir agréable ferme et stable tout ce que par les dicts procureurs et chacun d'eux seul et pour le tout sera faict et accordé ès choses que dessus, tout ainsy et par la forme et manière que sy la dicte dame ou dict non l'avoyt accordé combien que la chose requist mandement plus espécial que celluy qui est contenu cy dessus, et de n'y jamais contrevenir en manière que ce soit, et soubz l'obligation et ypothèque de tous et chacuns les biens de mon dict sieur son filz, *accordant de ce que dessus estre par les dicts nottaires baillé instrument séparé au dict sieur Roy* en bonne et ample forme, *les quelles cessions et transportz accordez par la dicte Damé princesse ou dict non* par le dict de Montigny son procureur, *à la requeste et mandement du dict sieur Roy, et à son proffit et descharge, le dict sieur Roy comme les dicts procureurs ont dict et offirme et répute estre faictz comme à luy mêmes*, et pour le grand bien et utilité de son Royaume et de la chose publique et délivrance de mes dicts seigneurs les enffans et que sans ce le dict traicté de paix n'eust peu estre accomply et entretenu. A cette, cause les dicts procureurs ont accordé en récompense et *contreschange* à la dicte Dame ou dict non les terres qui s'ensuyvent scavoir est le conté de Mortaing et la viconté terre et seigneurie d'Aulge au pays de Normandye, ainsy quelles se consistent et comportent avecques tous les droictz, boys, foretz, jurisdictions, présentations et collations de tous bénefflices, fiefs et hommages tenus d'icelluy reliefz, rachaps treziemes gardes de soubz-aages et aultres debvoirs quelzconques lesquelles appartenances et deppendances prérogatives et préminences d'icelles, ensemble pareille et semblable faculté de rachapt que le dict sieur a et pourrait avoir des membrés et aultres droictz particuliers deppendans de la dicte terre sy aulcuns en ont esté alliénez par le dict seigneur Roy ou ses antécesseurs à la dicte faculté de rachapt, *les dicts procureurs pour et en nom du dict siegneur ont cédé et transporté, cèdent et transportent par vertu du pouvoir à eulx donné par le dict seigneur Roy* et la dicte Dame princesse ou dict non. Le dict de Montigny procureur sus-dict, acceptant, et stippullant pour icelle Dame princesse au dict non et pour son dict filz *en recompense et contreschange des dictes terres que la dicte Dame a accordées cédées et transportées au dict seigneur éleu empereur et passé procuration irrévocable pour ce faire* pour icelle terres tenir et posséder par la dicte Dame au dict non et mon dict seigneur son filz, ses hoirs masles et femelles successeurs et ayans cause perpétuellement et héréditablement à toujours comme son vray héritage et patrymoyne réservé au dict seigneur Roy et successeurs Roys de France, les ressortz, souveraineté, foy et hommage lige des dictes terres et seigneuries aussy ceddez par les dictes procureurs à telz ou semblables debvoirs *pour tout rachapt, droitz et debvoirs féodaulx et seigneuriaux et non plus grand ne excessif que ceulx que les dictes terres par elles ceddées* au dict sieur éleu empereur, *sont tenus et subjectz* moyennant ce aussy que le dict sieur Roy sera tenu et promect garantir le dict hommage lige qu'il retient sur les dictes terres envers tous et contre tous et *lesquelles terres ne seront subjectes au droict de garde pour cause de la minorité ne présentement ne pour l'advenir pour ce que les terres que la dicte Dame la princesse de la Roche-sur-Yon a accordé, ceddé et transporté à l'acquit et descharge du dict seigneur Roy ny sont subjectes.*

Avecques conditions touteffois que dedans six ans à compter du jour de ces présentes le dict seigneur Roy pourra nommer tel personnage que bon luy semblera, lequel la dicte Dame ou dit non constituera son procureur espécial pour rachapter les dictes terres pour et en nom d'elle ou dict nom et fournira le dict seigneur Roy et fera délivrer au dict seigneur éleu empereur ou ses commis les deniers requis et necessaires pour faire le dict rachapt tant pour le principal que droits seigneuriaulx et loyaulx coustements sy aulcuns y en estoyent deubz *et ou le dict rachapt s'en suivra, le dict seigneur Roy sera tenu faire revestir et adhériter la dicte Dame ou dict non et remettre en possession de ses dictes terres comme elle estoyt auparavant, et lui en faire avoir lettres*, le tout aux périlz, fortunes et dépens du dict seigneur Roy, et ce faict la dicte Dame ou dict non et son dict filz seront incontinent et sans delay tenus de laisser la possession et jouissance des dictes terres à elle ou dict non, au dict seigneur Roy quictement et franchement;

Touteffois sy les dicts boys, foretz, terres et seigneuries que la dicte Dame ou dict non *baille au dict seigneur empereur à la descharge et acquit du dict seigneur Roy estoient détériorez* par le fait du dict seigneur empereur, *le dict seigneur Roy sera tenu préalablement et avant tout œuvre, recompenser la dicte Dame ou dict non*, son dict filz, successeurs et ayans cause *du dict dommage et intérest, en terres ou argent à leur choix et* option *et ou le dict rachapt n'auroict esté faict et la dicte Dame remise en possession des dictes terres en la forme que dessus dedans le dict temps de six ans, les dictes terres cedez par les dicts procureurs demoureront à la dicte Dame* ses hoirs masles et femelles et ayans cause soyt a tiltre particullier ou universel perpetuellement et à jamais. *Touttefois, par ce que les évalluations qui ont esté faictes des dictes terres respectivement accordez, par la contraincte du temps dedans lequel le dict seigneur Roy doibt faire avoir au dict sieur eleu empereur les terres de la dicte Dame ont esté seullement faictes sur les comptes et estats qui est l'évalluation que l'on peult faire quant à présent, a esté accordé et convenu entre les dictes partyes que dedans ung an à compter de la dabte de ces présentes, les terres de la dicte Dame, à cause de son dict filz et celles qui ont esté baillées en recompence par les sus dicts procureurs du dict seigneur Roy, seront plus amplement évaluées ; et sy par la dicte évalluation qui sera cy-après faicte, il est trouvé que les dictes terres, que les dicts procureurs ont cedé en recompence et contres change à ma dicte Dame vallent moins que celles que la dicte Dame aura baillez, cedez au proffict du dict seigneur Roy, le dict seigneur Roy sera tenu luy parfaire le surplus en terres de semblables qualitez, et aussi ou il seraict trouvé que les dictes terres qui luy seraient cedées par les dicts procureurs excédassent la valleur et estimation des terres qui seroient cedez par la dicte Dame ou dict non au proffict et descharge du dict sieur Roy en ce cas la dicte Dame ou dict non sera tenue rendre l'outre plus*, et durant le temps de six ans la dicte Dame ou dict non ne pourra faire coupper ne abattre les boys de haute fustaye estants aux dictes terres à elle cedez par les dicts procureurs, sy n'est d'autant qu'il luy seroict permis en l'évalluation qui sera cy après faicte fors et excepté jusques à l'estimation de trois cent livres qui luy ont esté accordez par les dicts procureurs en recompence des fraiz de justice et réparations qui n'ont peu estre déduicts de la récepte en l'évalluation qu'a été faicte des dictes terres sur les comptes d'icelles lesquelz bois jusque à la dicte somme de trois cent livres la dicte Dame ou dict non, prendra par la marque et délivrance des officiers de la dicte forestz, et après le dict temps de rachapt expiré demoureront les dictes foretz, comme étant des dictes terres et seigneuries à ladicte Dame, en plain droict et propriété en la forme et manière que dessus, *et aussy dedans le dict temps de six ans, pourra la dicte Dame engager, vendre et allicner les dictes terres à la charge de pareille faculté et conditions de rachapt envers le dict seigneur et Roy* et ses successeurs que les dictes terres luy ont esté cedez par les procureurs du dict seigneur Roy et en aiant esgard à plusieurs prérogatives et préeminences que la dicte Dame dict avoir et joïr en ses dictes terres et pays d'embas lesquelz ne pourront bonnement estre estimez et aussy en la considération de ce que les dictes terres baillez par le dict seigneur Roy à la dicte Dame pourroient grandement diminuer de valleur et revenu et les villes et pays subjectz aux dictes terres dépopulées et appauvries sy les justices ordinaires, sceaux, contractz, tabellionnages des dictes terres ne sont exercez soubz le non dudict seigneur Roy et en quallité royalle dont se pourroict enssuyr que les greffes, prévotz, amendes, droictz, exploictz, sceaux et escritures qui ont esté baillés en grande estimation et revenut à la dicte Dame viendroient en petite valleur et en seroict la justice retardée.

Pour ces causes et considérations, a esté accordé et convenu entre les dictes partyes que les dictes justices ordinaires, sceaux, tabellionnages et greffes seront exercez soulez le non du dict seigneur Roy, et demoureront de qualité royalle, avec pareilz et semblables privillèges et cognoissances de toutes causes ès cas royaux, comme ils sont du présent durant le dict temps de rachapt, et à tousjours sy aultrement par la dicte évalluation n'est ordonné, en satisfaisant à l'intherest de la dicte Dame, et tous les prouffictz, revenuz et emollumens tant de juridictions, greffes, tabellionnages que aultres choses dessus dictes, demoureront à la dicte Dame et à son prouffict et quand les offices des dictes terres vacqueront par mort résignation ou aultrement, la nomination d'iceux appartiendra à la dicte Dame ou dit non et le don et institution audit sieur Roy lequel en pourvoira ceux qui seront nommez par la dicte Dame ou dict non et aultres, et seront les deniers des dictes terres, charges et receptes de pareille nature et exécutoires comme deniers roiaux tant contre les receveurs que redevables, durant le dict temps six ans, et après les dicts six ans, sera loisible à dicte Dame ou dit non, ou son dict filz successeurs ou ayans cause ou durant iceux sy vaccation desdits offices du viconté escheoy, nommer au dict sieur Roy ung vicomte pour exercer la justice seullement, et néantmoins commettre à la recepte un recepveur ou plusieurs, ainsy que bon luy semblera, lesquelz elle pourra faire obliger aux payement des deniers de leurs receptes comme pour deniers royaux, lesquels receveurs du jour de l'emologation de ce présent contract seront tenuz de rendre leurs comptes aux commis et depputez de la dicte Dame et non à aultres, sauf que les comptes rendus à la dicte Dame seront apportez de deux ans en deux ans à Chambre des comptes durant la dicte faculté de rachapt seulement *et ne sera tenue ladicte dame au dict non durant le dict temps de rachapt soy dessaisir des tiltres et enseignements originaux de ses dictes terres ne pareillement le dict seigneur Roy des siennes, ains demoureront à leur possesseur jusques au temps de ladite faculté de rachapt expiré, et durant le dict temps seront au dict sieur Roy et Dame ou dict non baillés les coppies des dicts tiltres et enseignements collationnez aux originaux quant besoing sera*, et outre plus les dicts procureurs pour et en non du dict seigneur Roy, promettent par ces présentes que avant que soy desheriter par ma dicte Dame ou dict non ou ses procureurs des dictes terres, les dicts procureurs et commis du dict sieur Roy feront mettre la dicte Dame en possession réelle des dictes terres ainsy à elle ou dict non cédez aux dépens du dict sieur Roy en faisant seullement par la dicte Dame ou son dict fils, la foy et hommage *lesquels procureurs entre les mains des dites nottaires se sont demy devestus et dessaisys, demettent et dessaisissent et devestent* dès à présent pour et au non dudict sieur Roi *de la propriété, seigneurie et possession des dictes terres* respectivement, *et en ont vestu, saisy et investy la dicte Dame au dict non*, ou son dict filz, *en la personne du dict de Montigny, son procureur* et ont promiz les dictes partyes esdicts noms respectivement l'une envers l'autre, garantir et défendre les terres dessus dictes ainsy par elles ceddez, de tous troubles et empeschemens quelzconques et oultre ont promys les dicts procureurs faire faire aux despens du dit sieur Roy, toutes vériffications et emologations des dictes cession et transport réquises pour l'entière seureté de la dicte Dame princesse ou dict non, tant en la court de Parlement de Rouen, au ressort de laquelle les dictes terres cedez par les dicts procureurs du dict seigneur Roy sont scituées et assises que ailleurs ou sera nécessaire soubz les conditions et modifications contenues en ce présent contract et de faire ratiffier par le dict seigneur Roy par lettres patentes adressantes à sa dicte court de Parlement, à Rouen, chambres des comptes et ailleurs où il appartiendra pour la publication et vériffication de ce présent contract et aussy le dict de Montigny ou dict non à promys que la dicte Dame Princesse fera ratiffier dès à présent le contenu en ce présent contract par hault et puissant prince monsieur Loys de Bourbon son filz et aussy après qu'il sera venu en aage parfaict, et en deffault de ce faire par chacune des dictes partyes, de paier tous les despens, dommages et interests, garder, observer et entretenir et accomplir tout ce que dessus, sans jamais y contrevenir, eulx, leurs hoirs successeurs en aulcune forme et manière, et ce soubz l'obligation quant au dict de Montigny, icelle Dame ou dit non et de mon dict sieur son fils, d'elles, ses hoirs et successeurs de tous et chacuns ses biens meubles et immeubles présents et advenir et quant auxdicts procureurs, soubz l'obligation d'icelluy sieur Roy ses hoirs et successeurs et aultres héritiers quelzconques et de toutes et chacunes des terres et sieuries dudict sieur Roy tant à cause de sa couronne que de son patri–

moine, en suyt la teneur des dictes procurations du dict seigneur Roy et madame la Princesse ou dit non.

François par la grâce de Dieu, Roy de France, à tous ceux qui ces présentes lettres verront, salut scavoir faisons que comme par le traicté de naguerre faict entre notre cher et bon frère l'eleu empereur et nous en la ville, de Cambray, entre aultres choses aict esté convenu et accordé que pour la somme de cinq cent dix mille escus d'or soleil faisant partye de la somme de deux millions d'escus que avons promise par le dict traicté à notre dict frère pour notre rançon et la délivrance de noz très chers et très amis filz les daulphin de Viennoys et duc d'Orléans ostagiés par nous en Espaigne, *baillerons à notre dict frère rentes, pièces et revenu de vingt-cinq mil cinq cens escus d'or soleil* qui est à la raison du denier vingt *et pour la dicte rente luy ferons avoir les terres et seigneuries que notre très chère et très amée cousine, la Duchesse douairière de Vendomoys* a en ses pays de Brébant, Arthois, Hainault et aultres lieux et pays d'embas de notre dict frère *et aultres terres que ont, tiennent, et possèdent ès dicts pays, nos aultres subjetz, telles que notre dict frère ou ses commis à ce voudraient choisir* et nommer au prix de vingt deniers le denier jusques à l'entier parfournissement et concurrence de la dicte rente de vingt cinq mil cinq cens escus d'or soleil telz que dessus ou à l'advenant de telle autre somme à quoy sera trouvé monter le reste des dits deulx millions d'escus déduictz les douze cent mil escus que devons paier comptant et les debtes de notre très cher frère le roy d'Engleterre *pour par notre dict frère l'empereur, ses hoirs, successeurs et ayans cause, jouir et user des dictes terres et seigneuries par ses mains à conditions de rachapt tant et jusques à ce que le dict rachapt sera faict, et pour l'entretenement et accomplissement de ce que dessus, aiant faict requérir notre dicte cousine la duchesse douairière de Vendommoys notre très cher et aymé cousin Louys de Clèves et plusieurs aultres nos subjectz ayans terres en la dite conté de Flandres et aultres pays d'embas* de notre dict frère l'éleu empereur, *nous voulloir les dictes terres cedder et transporter, pour icelle bailler au desir du dict accomplissement du dict traicté de paix à notre dict frère l'éleu empereur, en leur baillant bonne recompence en terres de notre domayne estans en notre royaulme, revenu de nos greniers, gabelles ou impositions* ou aultres obventions de notre dict royaulme, *ce que notre dicte cousine et aultres nos subjectz ayans terres comme dict est es-dicts pays* d'en bas, de notre dict frère ; *nous ont libérallement accordé* et nous ont par notre dicte cousine duchesse douairière de Vendomoys esté baillé par déclaration, aulcunes de nos terres qu'elle voullait avoir en récompense et *contreschange* desdictes terres, qu'elle en tient et possède ès pays d'embas de notre dict frère et quant aux aultres nos subjects n'ont encore baillé, par déclaration, les terres que vouldraient avoir *en récompense d'icelles que nous ont accordez, ceddez et transportez ès-dicts pays d'embas* de notre dict frère et ayans pour l'évalluation des terres que notre dicte cousine et nous aultres subjects ont ès pays d'embas de notre dict frère, ja commys et depputez, suivant ce qui a esté accordé entre nous et notre dict frère par le traicté de paix deux de nos conseillers qui sont sur les lieux besongnans au faict de ladicte évalluation avec les commys et depputez de la part de notre dict frère et *soyt besoing le plus promptement et déligement que faire se pourra évalluer les terres que entendons bailler en recompence et contreschuage à notre dicte cousine et nos aultres subjectz qui nous cèderont et transporteront les dictes terres des pays d'embas* de notre dict frère, affin d'accorder avec notre dicte cousine et nos dicts aultres subjectz, *conclure, arreter et passer lesdits contracts d'eschange et permutation* et aultres choses concernant l'exécution d'iceux et pour ce faire commettre et depputer de notre part aulcuns bons et notables personnages noz procureurs et ayans de nous pouvoir espécial quant ad ce.

Pour ce est-il que nous, à plein confiance des sens, prudence, scavoir, expérience, loyaulté et bonne dilligence de noz amez et féaux conseillers maitres *Pierre Liset, premier président en notre court de Parlement de Paris et Mathieu de Longuejoye sieur d'Ivergny, maistre des requestes ordinaires de notre dict hostel et Jehan Briçonnet président de noz comptes à Paris* iceux et les deulx d'entre eulx en l'absence et empeschement de l'autre avons créêz, commis, depputez et constituez, *créons commettons et députons et constituons* par ces présentes *nos procureurs généraulx et messagers espéciaux en la manière que l'espécialité ne dérosge à la généralité ne au contraire* leur donnant à chacun d'eux et pour le tout plein pouvoir, mandement espécial de traicter, composer et accorder sur toutes et chacunes les choses susdictes leurs circonstances et deppendances avec notre dicte cousine la duchesse douairière de Vendomoys et aultres noz subjectz aians terres comme dict ès-pays d'em bas de notre dict frère *conclurre, arrester et passer pardevant nottaires avec eulx pour et en notre nom les contractz d'eschange et permuttation* ou aultres telz qui seront advisez, et *accepter les cessions et transports qui nous seront faictz par notre dicte cousine et aultres nos subjectz des dictes terres* qu'ils ont et tiennent ès-dicts païs d'em bas de notre dict frère à telles conditions et conventions qu'ils verront être à faire, *leur bailler, cedder et transporter en rescompense et contreschange* et aultrement en la meilleure forme que faire se peult et doibt, assavoir à notre dite cousine duchesse douairière de Vendomois, les terres que jà lui avons accordé apprès que l'évalluation d'iceulx sera faicte *jusques à la concurrence de l'évalluation qui aura esté faicte des siennes* et pour le parfaict et supplément d'icelles sy aulcunes des dictes terres avyons donné à vye ou à usufruict et aultres qui les tyennent et occupent, luy bailler et asseoyr autant de revenu sur noz greniers, ayde, gabelles et impositions telles que noz dicts procureurs et chacun d'eulx adviseront que le revenu des dictes terres se monte jusques ad ce que les dicts dons de vye ou usufruit seront estainctz pour en jouir pour notre dicte cousine ou ses successeurs et aians cause perpétuellement et héréditablement, et à noz aultres subjectz qui n'ont encores baillé par déclaration les terres qu'ils veullent et entendent avoir de nous en récompence et contreschange telles terres de notre dict domaine, aydes, gabelles, impositions ou aultre revenu que nos dicts procureurs ou chacun d'eulx, seul et pour le tout verront estre à faire *évalluation précédente d'icelles, et jusques à la concurrente quantité de ce que seront évalluez les terres qui nous seront ceddez par nos dicts subjectz, le tout touteffois à condition et charge que ou nous récouvrerions de notre dict frère l'esleu empereur les dictes terres qui ainsy nous seront ceddez par notre dicte cousine la duchesse douairière de Vendosmois et aultres nos dicts subjectz* apprès les avoir baillez et transportez à notre dict frère, *entièrement ou la moitié d'icelle, en les rendant ou la dicte moictié d'icelle à notre dicte cousine et à nos dicts aultres subjectz ils seront tenus nous rendre et laisser les terres de notre dict domayne qui par nos dicts procureurs leur seront ceddez et transportés ou la moictié d'icelles jusques à la concurrence, estimation des terres qui leur seraient par nous rendeus, et ce dedans le temps et espace de dix ans, ou aultre tel qu'il sera advisé par nos dicts procureurs* chacun d'eulx seul, pour le tout et notre dicte cousine et aultres nos dicts subjectz ou leurs procureurs ou aultrement, sur ce accorder et convenir avec notre dicte cousine et nos dicts aultres subjectz ainsy que nos dicts procureurs et chacun d'eux adviseront estre à faire pour le mieux *et d'accepter pour et en notre dict non les guerpissements devestz et deshéritements que notre cousine et nos dicts aultres subjectz feront à notre proffit des terres qu'ils ont ès-pays d'em bas de notre dict frère qu'ils nous aurons ceddez et les adhéritemens et aultres œuvres de loy qui en seront faictz par les baillifz, hommes et pers de fiefz des seigneurs dont les dictes terres sont tenues et mouvans en fiefz selon les coustumes des dicts pays, ou commettre ung ou plusieurs procureurs ainsy qu'ilz adviseront pour le mieux accepter pour et en nostre dict nom les dicts deshéritemens et adhéritemens et aultres œuvres de loy requises par la coustume des dicts pays* leur donnant tel pouvoir qu'ilz verront estre expédient et requis de pouvoir aussy constituer et députer pour et en notre non tel personnage qu'ilz adviseront et luy donner tel pouvoir qu'ilz verront estre requis et nécessaire pour assister pour nous à l'évalluation qui se fera des dictes terres de notre dict domayne, revenu des greniers gabelles ou aultres impositions *qu'il conviendra bailler en rescompence et contreschange* à notre dicte cousine duchesse douairière de Vendosmoys ou aultres nos dicts subjectz et générallement donnons pouvoir à nos dicts procureurs et chacun d'eulx seul et pour le tout et à ceux qui par eux seront instituez en ce qui concernera le pouvoir de faire et accorder ès-choses dessus dictes et chacune d'icelle, leurs circonstances et deppendances tout ce que faire pourions sy présents y estions, combien que la chose requist mandement plus espécial que celluy que cy dessus est contenu promectant en foy et parolle de Roy tout ce que ès-choses dessus dictes et chacunes d'icelles leurs circonstances et deppendances sera faict et accordé par nos dicts procureurs et chacun d'eulx seul et pour le tout, ou leurs subsistuez, en ce qui concernera leur pouvoir à eulx donné, avoir agréable, ferme, stable, sans jamais y contrevenir soubz quelque couleur ou occasion que ce soit et soubz l'ipothèque et obligation espécialle de toutes et chacunes de noz terres et seigneuries.

En tesmoing de ce nous avons signé ces présentes de notre main et à icelles faict mestre notre seel.

Donné à Fontainebleau, le seizieme jour de Decembre, l'an de grace mil cinq cent vingt neuf et de notre règne le quinzième. Ainsy, signé: Françoizs.

Et sur le remply, par le Roy en son conseil, auquel le Roy de Navarre et messeigneurs les cardinaulx de Sens, chancelier et de Lorraine et les seigneurs de Montmorency, grand-maître et mareschal, de Brion admiral, archevesque de Bourges et aultres estoient. Dorne et scellé de cire jausne sur double queue.

Sachent tous présents et advenir que en la Court du Roy notre Sire à Loudun, en droict, pardevant Jehan Regnier nottaire juré de la dicte Court, fut présente personnellement establye et deuement soubzmise très haulte et puissante princesse Madame *Loyse de Bourbon princesse de la Roche-sur-Yon laquelle comme aiant le bail de mes-seigneurs Loys et Charles de Bourbon ses enffants, à recongneu et confessé que comme elle aict accordé ou dict non, au Roy notre souverain seigneur, luy bailler les terres et seigneuries de Leuze et Condé,* avec leurs appartenances, appartenants à mes dicts seigneurs ses enffans qu'ils tiennent et possédent au conté et pays de Haynault *pour icelle bailler à l'empereur au desir des traictés de paix naguères faictz entre le dict sieur Roy et empereur, en baillant toutteffois ceddant et délaissant par le dict sieur Roy bonne et suffisante rescompense des terres estans en son royaulme ce que luy a été octroyé de la part du dict sieur Roy,* à cette cause la dicte princesse ou dict non laquelle de présent n'y peult personnellement assister, soy confiant des sens, loyaulté, preudhomie, scavoir, expérience et bonne diligence de François de Montigny sieur de la Bonache *icelle Dame princesse constituante a pour ces causes ou dict non nommé et constitué son procureur général et certain messayer espécial, de bailler pour et en non de la dicte Dame en nom que dessus, cedder, délaisser et transporter au dict seigneur Roy ou ses commys et depputez ayans de par luy pouvoir, les dictes terres et seigneuries de Leuze et Condé* au dict conté et pays de Haynault, excludz et non compris la seigneurie de Vellaine et toutes ses appartenances la moitié des boys de Barry qui sont en procès contre le seigneur de Beauchamps, les rentes appellés les gistes deues par les habitants d'Ausserentz, Chielles et Vaudelancourt dont il est en procès contre les dicts habitants, trois cent livres de rente que la dicte Dame et mes dicts sieurs ont sur les habitants de Tournay lesquelles la dicte Dame princesse constituante ou dict non a réservé toultes aultres choses non estiméz et evalluez par les commissaires des dicts sieur Roy et empereur et *sans préjudice de pouvoir montrer les dictes choses evallués estre de plus grosse valleur* que contenu est en la dicte evalluation *à tiltre touteffois seullement d'eschange, recompence et permutation* avec les chastellenyes, terres et seigneuries de Loches, le seigneur de Chastillon sur Vyndre, Montrichard, Louyestz, Chinon, Loudun, Nyort, *conté de Mortaing viconté d'Aulge* pourveu qu'il ne soict office *ou telles des dictes terres revenans à la concurrence de la valleur et estimation jà faictes* entre les commissaires des dictes seigneur Roy et empereur des dicts de Leuze et Condé et en les baillant et délivrant par le dict seigneur Roy ou ses dicts commys et depputez aus dicts seigneurs princes *pour en jouir dès lors, et du jour du dict eschange*, à l'advenir par les dicts seigneurs princes leurs hoirs et ayans cause perpétuellement comme de leur propre heritage et tous droictz, seigneuries, nons, tiltres, honneurs, prérogatives et prééminences, proffictz, revenus et émoluments *telz et ainsy que très haulte et puissante princesse Madame Marie de Luxembourg douairière duchesse de Vendosmoys en joyst ou joïra, ou qui lui ont esté et seront delaissez en l'eschange faict* ou qui se fera *pour les mesmes causes* entre le dict seigneur Roy ou ses dicts commys et la dicte Dame duchesse, les dictes choses et chacunes d'icelles franches deschargées et exonorées de tous douairs, bienfaicts, dons, jouissances viagères et aultres empeschements quelzconques, faculté et grace de rescousse, *telle et pareille que la dicte Dame duchesse* a donné ou donnera ou à tous aultres solennités, pactions, convenances, conditions, accordz, modiffications et clauses à ce necessaires telle et semblables de poinct en poinct en effet et teneur d'icelles *qui ont esté* seront ou pourront estre *mises et observées à l'eschange* et contract faict ou qui se fera pour les mesmes causes entre le dict sieur Roy ou ses dicts commis et depputez et la dicte Dame duchesse et *lesquelles entièrement la dicte Dame princesse au nom dessus dict entend et veult estre gardez en traictant ce présent eschange* comprises et contenues es lettres qui de ce seroient faictes et passés *sans que son devant dict procureur y puisse aulcune chose faire innover ou obmettre oultre ou contre la teneur d'icelles et effet de ces présentes*, promettant la dicte Dame princesse constituante ou dict nom, de bail, en foy et parolle de princesse et soubz l'obligation et ypothèque de tous les biens présents et advenir de mes dicts seigneurs ses enffans, avoir pour ferme et pour agréable tout ce que par son dict procureur, en ce que dict est, sera faict, dict et procuré dont et desquelles choses la dicte Dame constituante au non que dessus en est tenue par la foy et serment de son corps sur ce promis et donné, et dont elle a esté jugée à sa requeste et de son consentement par le jugement de la dicte court. Ce fust faict et passé à Fontevrault ès-présence de nobles hommes René de Gressey, seigneur d'Aumace et Guilleaume de Chezelles, seigneur de la Vollinière, témoins à ce requis et appellez, le premier jour d'avril mil cinq cent vingt neuf, avant Pasques; en temoing des vérités desquelles choses nous, la garde du seel estably et dont on use en la dicte court, icellui à ces présentes avons mis et apposé, à la féale rellation du dict Regnier nottaire sus-dict auquel, adjoustons pleine foy, les an et jour sus-dicts; ainsi signé : Regnier, Pancron, et scellez de cire verte sur double queue.

En temoing de ce, nous à la rellation des dicts notaires avons faict mettre à ces dictes présentes lettres le scel de la dicte prévosté de Paris, faictes et passées doubles cestes pour le dict sieur Roy, en l'an mil cinq cent vingt neuf, le lundi onzième jour d'avril avant Pasques; ainsi signé : Palanquin Contesse, et scellé en double queue de cire verte.

Scavoir faisons que après avoir veu le dict instrument et les choses contenues en iceluy et sur ce l'advis de gens de notre conseil, estant les nous, avons icelluy ratiffié, omologué, accepté et approuvé, ratiffions et omologuons et approuvons de poinct en poinct selon sa forme et teneur et promettons icelluy garder sans l'enfreindre ny venir au contraire en aulcune manière, et ainsi l'avons promis et promettons en parole de Roy et sur notre foy et serment.

Sy donnons en mandement par ces mesmes présentes à noz aimez et féaulx les gens de nos courts de parlement à Paris, Thoulouze, Bourgogne, Rouen, chambre de noz comptes au dict Paris et Dijon, et général de la justice de noz aydes à Paris et Rouen, baillifs sénéchaux, et à tous noz aultres justiciers officiers ou à leurs lieutenants et à chacun d'eux, en droict soy, comme à luy appartiendra, que du contenu ès-dictes lettres, instrument et en ces dictes présentes, ils facent, seuffrent et laissent notre dicte cousine la princesse de la Roche-sur-Yon joïr et user selon leur forme et teneur, et à ce faire et souffrir, contraignant tous ceux qui seront à contraindre par toutes voyes deues et raisonnables, nonobstant oppositions ou appellations quelzconques, pour lesquelles attendu ce que dict est, ne voullons estre différé, et mectent icelle notre dicte cousine en possession et saisine des dicts conté et viconté, terres et seigneuries, et ainsy pour le temps et pour la forme et manière que contient le dict instrument, ensemble des chôses aliéuez si aulcunes y en a, qui ne feussent déclarées ou entendues par le dict contrat, lesquelles nous voullons incontinent et sans délay estre par vous gens de nos dicts comptes, saisis, réunis et remis en notre main pour estre baillez et délivrez à notre dicte cousine par la forme et manière que dict est, et facent lire, proclamer et enregistrer ces dictes présentes en la manière accoutumée; car ainsy voullons éstre faict et d'autant plus que on pourra en avoir affaire en plusieurs lieux, nous voullons que aux vidimus faictz soubz sceaux roiaux, foy soict adjoustée comme à ce présent original, lequel afin que ce soict chôse ferme et stable à toujours; nous avons signé de notre main, et à icelluy faict mettre notre scel, sauf en aultres chôses notre droict et l'aultruy en toutes.

Donné à Angoulesme, au mois d'avril, l'an de grâce mil cinq cent trente, et de notre règne le seizième; j'aprouve ces mots en rasure au desir des traictés de paix nagueres faictz entre le dict sieur empereur en baillant toutesfoys, cédant et délaissant par le dict sieur Roy bonne et suffisante; plus les mots: l'an de grâce cinq cent vingt neuf, et de notre règne le quinzième, ainsy signé, Françoys; et sur le reply: par le Roy en son conseil auquel le Roy de Navarre et messeigneurs ont signé soubz le reply, Françoys, et sur le reply, par le Roy en son conseil, auquel monseigneur le cardinal de Sens, légat de France, le sieur de Brion, admiral, et aultres estoient. Dorne un paraphe et scellé de cyre verte sur fil de soye, et au bas, visa.

La Court a ordonné et ordonne que, sur le reply des dictes lettres sera mys : « *Lecta*, « publicata et registrata audito procuratore generali Domini nostri regis proper Lu- » dovicam de Bourbon, Ludovici et Caroli de Bourbon defuncti quandam, Ludovici « de Bourbon de Russe-sur-Yon principis ejusque Ludovici filiorum, tutricem, gardi- « nam et legitimam administratricem eorumque heredis et ab eis causam habentes co- « mitatu Moritonis et vice comitatu Algye in Normania eorumque appendentus dep- « pendentus pertinentus circonstantibus et adjacentibus prout in litteris supra scrip- « tis covetur et continctur ut endo, fruendo et gaudendo Rothomagi in parlamento « die vigesima prima maii anno millesimo quingentisimo trigesimo. Signé : de Bois « Levesque. » Collation faicte à l'original et papier cy dessus transcript par moy nottaire et secretaire du Roy, signé : Heurtaut avec paraphe.

Au dos est écrit : — Coppie collationnée du *contract d'eschange faict entre le feu Roy François premier et madame Grand-Mère de Monseigneur, comme ayant le bail de Messeigneurs ses enfants, des terres de Leuze et Condé en Haynault alleu contre les comté de Mortaing et vicomté d'Aulge.*

Extrait et collationné par nous, garde général des Archives, nationales sur la copie authentique du présent *contrat d'échange*, déposée à la section administrative, partie domaniale, carton numéro 75, liasse 1688 bis, lettre R— Papiers sequestrés sur la maison d'Orléans.

En foi de quoi nous avons signé et fait apposer le sceau des archives. Délivré à Paris le neuf juin mil huit cent quarante-neuf.

Signé : F. de Chabrier.

Imprimerie de Cosse et J. Dumaine, r. Christine, 2.

ARCHIVES NATIONALES.

SECTION ADMINISTRATIVE.

D'un imprimé, a été extrait et copié littéralement ce qui suit :

Contrat d'échange entre le Roy François premier, et Louise de Bourbon, princesse de la Roche-sur-Yon, tant en son nom, que comme ayant la garde noble de Louis et Charles de Bourbon, ses enfans, des terres de Leuze et Condé, pour les contés de Mortaing et vicomté d'Auge, avec les ratifications, lettres patentes, arrest du Parlement de Rouen, d'homologation dudit contrat, procès-verbaux faits par René Becdelievre, conseiller au dit Parlement, de prises de possession par la princesse de la Roche-sur-Yon, es-dits noms des comtés de Mortaing et vicomté d'Auge, des premier, onze avril, seize décembre mil cinq cent vingt-neuf, vingt-trois may, deux, quatre, huit, neuf et douze juin mil cinq cent trente.

L'an mille cinq cens trente, le vingt et troisieme jour de may, à nous Regné Becdelievre, conseiller du Roy en sa Cour de Parlement de Rouen, étant en la salle du Palais au dit lieu, furent présentés par nobles hommes, François de Montigny, sieur de la Bonache, et Maitre Baudouyn le Riche prieur de la Guierche, en la ville de Tours, procureur de très-haute et puissante dame Loyse de Bourbon, princesse de la Roche-sur-Yon . . . .

Le jeudy, deuxième jour de juing suivant, partismes de Rouen, et allasmes coucher au Ponteau de Mer, et du dit lieu le lendemain arrivasme au dit lieu de Pont l'Eveque, heure de dix au matin et environ trois heures de relevée, nous transportasmes à la Cohue, où la jurisdiction a de coûtume estre tenue, en la compagnie de Maitre Thomas le Jumel, advocat en court laye . . . .

Aussi lecture faicte du contract du dit transport des dits conté et viconté et de l'émologation faicte d'icelles par la Court et de notre commission, après laquelle lecture par les dits de Montigny et le Riche, procureurs, parlant par Maitre Helye le Barbier, advocat en court laye, nous fut requis mettre en possession la dite dame au dit nom d'icelle viconté d'Auge, par les termes, temps et conditions contenus et declarez en dit contract, et que le dit viconte, procureur advocat et tous les officiers de la dite viconté eussent à faire serment tout de nouveau à la dite dame, nonobstant le serment par eux faict au Roy, notre souverain seigneur, en précedent par semblable que les ponts, passages, cohues et prétoires qui étoient en grand ruyne et décadence feussent veues et visitez, reffaictz et mis en état deu et suffisant aux despens du Roy, suivant les termes du dit contract, mesme avoir la possession et jouissance réalle et actuelle des places, villes et chateaulx estant en la dite viconté, tant ès lieux de frontières maritimes que ailleurs, disant que ès places de Condé et Leuze baillées avec autres terres et choses héréditales au Roy par la dite Dame en échange d'icelle viconté, y aurait fortes places et chateaulx de de grosse défense, bien en ordre et bien emparez et fortifiez comme il appartenait. A quoy par le dit procureur du Roy parlant par le dit advocat du dit seigneur fut dit qu'il ne vouloit empecher, mais consentoit que la dite Dame fut mise en possession et saisine de la dite viconté, pour en jouyr jusques le bon plaisir du Roy, et ainsi qu'il est contenu au dit contrat et émologation d'icelle . . . .

Et le mardy, septiesme jour du dit mois, partismes de la dite ville et allasmes diner au bourg Daunoy et coucher à Sourdeval, et le mercredy, huitieme jour en suivant, arrivasmes au dit lieu de Mortaing heure de dix heures du matin.

Et l'après dîner, environ trois heures, nous transportasmes en la Cohue, lieu accoutumé de tenir la jurisdiction, en la compagnie de Maitre Martin Mallet, praticien en court laye, demeurant au dit lieu, et là, se trouvèrent Maitre Jehan le Comte, Procureur du Roy . . . .

et, après la lecture du dit contract et émologation d'icelle, fut requis par le procureur de la dite Dame, mettre en possession la dite Dame au dit nom d'icelle, conté de Mortaing, par les termes, temps et conditions contenus et déclarez en dit contract, et que par le dit viconte, procureur, advocat et tous les officiers de la dite conté eussent à faire serment tout de nouveau à la dite Dame, nonobstant le serment par eux fait au Roy notre souverain seigneur, en précédent par semblable, que les ponts, passages, cohues et prétoires qui étoient en grand ruyne et décadence fussent vus et visitez reffaitcz et mis en état deu et suffisant aux dépens du Roy, suivant les termes du dit contract, mesmes avoir la possession et jouissance réalle et actuelle des places, villes et châteaulx étant en la dite conté, tant ès lieux de frontière maritime que ailleurs, disant que ès places de Condé et Leuze baillées avec autres terres et choses héréditales au Roy par la dite dame en échange de la dite conté, y avoit fortes places et châteaulx de grosse deffense, bien en ordre et bien emparez et fortifiez comme il appartenoit. A quoi par le dit procureur du Roy parlant par le dit advocat du dit seigneur fut dit qu'il ne vouloit empêcher . . . .

Et le lendemain, neuvième jour du dit mois, partismes du dit lieu de Mortaing pour nous en retourner à Rouen, auquel lieu arrivasmes le douzième jour du dit mois.

En suit la teneur du dit contrat.

. . . .

A la fin dudit imprimé est l'indication suivante : A Paris, chez d'Houry père, seul imprimeur-libraire de Monseigneur le duc d'Orléans, et d'Houry fils, rue Vieille-Bouclerie, 1743.

« Extrait et collationné par nous, garde général des Archives nationales, sur le-
« dit imprimé, faisant partie des titres et papiers des échanges, déposés à la section
« administrative (partie domaniale), carton numéro deux mille deux cent soixante
« et dix-sept, série P.

« En foi de quoi nous avons signé, et fait apposer à ces présentes le sceau des dites archives.

« Délivré à Paris, le seize juin mil huit cent quarante-neuf. »

Signé : F. de Chabrier.

Imprimerie de Cosse et J. Dumaine, rue Christine, 2.

www.ingramcontent.com/pod-product-compliance
Lightning Source LLC
LaVergne TN
LVHW052030160826
845678LV00003B/1266

* 9 7 8 2 3 2 9 6 3 5 2 6 2 *